TRANZLATY

Sprache ist für alle da

Lingua est pro omnibus

Die Schöne und das Biest

Pulchritudo et Bestia

Gabrielle-Suzanne Barbot de Villeneuve

Deutsch / Latein

Copyright © 2025 Tranzlaty
All rights reserved
Published by Tranzlaty
ISBN: 978-1-80572-018-8
Original text by Gabrielle-Suzanne Barbot de Villeneuve
La Belle et la Bête
First published in French in 1740
Taken from The Blue Fairy Book (Andrew Lang)
Illustration by Walter Crane
www.tranzlaty.com

Es war einmal ein reicher Kaufmann
Fuit aliquando dives mercator
dieser reiche Kaufmann hatte sechs Kinder
dives mercator sex liberos
Er hatte drei Söhne und drei Töchter
habuit tres filios et tres filias
Er hat keine Kosten für ihre Ausbildung gescheut
non pepercit sumptibus educationis
weil er ein vernünftiger Mann war
quia vir sensus erat
aber er gab seinen Kindern viele Diener
sed liberis servis multos dedit
seine Töchter waren überaus hübsch
eius filiae sunt maxime pulchra
und seine jüngste Tochter war besonders hübsch
et filia eius minima erat maxime pulchra
Schon als Kind wurde ihre Schönheit bewundert
sicut puer eius pulchritudinem iam admiratus
und die Leute nannten sie nach ihrer Schönheit
et vocavit eam populus a facie sua
Ihre Schönheit verblasste nicht, als sie älter wurde
eius pulchritudo non veterascet cum illa got maior
Deshalb nannten die Leute sie weiterhin wegen ihrer Schönheit
et vocabat eam populus a facie sua
das machte ihre Schwestern sehr eifersüchtig
hoc fecit ei sororibus valde zelotypus
Die beiden ältesten Töchter waren sehr stolz
duabus filiabus natu plurimum superbiae
Ihr Reichtum war die Quelle ihres Stolzes
opes eorum fons superbiae
und sie verbargen ihren Stolz nicht
et non absconderunt superbiam suam
Sie besuchten nicht die Töchter anderer Kaufleute
alias filias mercatorum non visitaverunt
weil sie nur mit Aristokraten zusammentreffen

quia nonnisi ad aristocratiam
Sie gingen jeden Tag zu Partys
partes exierunt cotidie
Bälle, Theaterstücke, Konzerte usw.
pilae, fabulae, concentus, salutem
und sie lachten über ihre jüngste Schwester
et deridebant ad minorem sororem suam
weil sie die meiste Zeit mit Lesen verbrachte
propter eam maximam sui temporis legere
Es war allgemein bekannt, dass sie reich waren
notum erat quod divites
so hielten mehrere bedeutende Kaufleute um ihre Hand an
ideo plures nobiles mercatores pro manu sua petierunt
aber sie sagten, sie würden nicht heiraten
sed dixerunt se non nupturam
aber sie waren bereit, einige Ausnahmen zu machen
sed parati erant aliqua exceptione facere
„Vielleicht könnte ich einen Herzog heiraten"
"Ducere fortasse potui"
„Ich schätze, ich könnte einen Grafen heiraten"
"Ego coniecto potui ducere comiti"
Schönheit dankte sehr höflich denen, die ihr einen Antrag gemacht hatten
pulchritudo valde civiliter gratias illis quae proponuntur ei
Sie sagte ihnen, sie sei noch zu jung zum Heiraten
non indicavit eis adhuc minor nubere
Sie wollte noch ein paar Jahre bei ihrem Vater bleiben
voluit manere aliquot annos cum patre suo

Auf einmal verlor der Kaufmann sein Vermögen
Statim mercator suam fortunam perdidit
er verlor alles außer einem kleinen Landhaus
amisit omnia sine parva villa
und er sagte seinen Kindern mit Tränen in den Augen:
et flens in oculis suis dixit:
„Wir müssen aufs Land gehen"
"ire eundum est ad villam"

„und wir müssen für unseren Lebensunterhalt arbeiten"
"et nobis viventibus opus est".
die beiden ältesten Töchter wollten die Stadt nicht verlassen
duabus filiabus natu maximis nolebat decedere oppido
Sie hatten mehrere Liebhaber in der Stadt
plures in urbe habebant
und sie waren sicher, dass einer ihrer Liebhaber sie heiraten würde
et erant quidam amantes eorum se nubant
Sie dachten, ihre Liebhaber würden sie heiraten, auch wenn sie kein Vermögen hätten
amantes etiam nulla fortuna nubere eos putabant
aber die guten Damen haben sich geirrt
sed erraverunt bonae dominae
Ihre Liebhaber verließen sie sehr schnell
amantes dereliquerunt celerrime
weil sie kein Vermögen mehr hatten
quia nullae erant amplius fortunae
das zeigte, dass sie nicht wirklich beliebt waren
hoc ostendit se non esse bene probaverunt
alle sagten, sie verdienen kein Mitleid
omnes dixerunt non esse miserendum
„Wir sind froh, dass ihr Stolz gedemütigt wurde"
"Laetamur humilem videre superbiam".
„Lasst sie stolz darauf sein, Kühe zu melken"
"Sint superbi vaccarum vaccarum"
aber sie waren um Schönheit besorgt
sed ad pulchritudinem
sie war so ein süßes Geschöpf
fuit tam dulcis creatura
Sie sprach so freundlich zu armen Leuten
et locutus est ad populum pauperem misericordiam
und sie war von solch unschuldiger Natur
et erat talis innocens
Mehrere Herren hätten sie geheiratet
Plures nobiles eam uxorem habuisset

- 3 -

Sie hätten sie geheiratet, obwohl sie arm war
matrimonio iuncti essent eam etsi pauper erat
aber sie sagte ihnen, sie könne sie nicht heiraten
sed dixit eis se non posse ducere
weil sie ihren Vater nicht verlassen wollte
quia noluit patrem suum relinquere
sie war entschlossen, mit ihm aufs Land zu fahren
quæ voluit ire cum eo in villam
damit sie ihn trösten und ihm helfen konnte
ut eum consolari posset et adiuvare

Die arme Schönheit war zunächst sehr betrübt
Misera forma valde contristatus est primo
sie war betrübt über den Verlust ihres Vermögens
illa amissione fortunae doluit
„Aber Weinen wird mein Schicksal nicht ändern"
" sed lacrimans fortunas meas non mutabit "
„Ich muss versuchen, ohne Reichtum glücklich zu sein"
"Conabor sine divitiis me beatum facere"
Sie kamen zu ihrem Landhaus
venerunt in villam suam
und der Kaufmann und seine drei Söhne widmeten sich der Landwirtschaft
et mercator cum tribus filiis agriculturae operam dabant
Schönheit stand um vier Uhr morgens auf
pulchritudinis quattuor mane
und sie beeilte sich, das Haus zu putzen
et festinavit mundare domum
und sie sorgte dafür, dass das Abendessen fertig war
et certa cena parata erat
ihr neues Leben fiel ihr zunächst sehr schwer
in principio invenit eam novam vitam difficillimam
weil sie diese Arbeit nicht gewohnt war
quia non fuerat usus tali opere
aber in weniger als zwei Monaten wurde sie stärker
sed minus quam duobus mensibus ipsa convalescit
und sie war gesünder als je zuvor

et salubrius fuit
nachdem sie ihre arbeit erledigt hatte, las sie
postquam factum est opus eius quae legit
sie spielte Cembalo
illa quatientes citharista
oder sie sang, während sie Seide spann
aut canebat dum fila sericum
im Gegenteil, ihre beiden Schwestern wussten nicht, wie sie ihre Zeit verbringen sollten
sed duae sorores eius nesciverunt tempus terere
Sie standen um zehn auf und taten den ganzen Tag nichts anderes als herumzufaulenzen
surgentes decem et nihil aliud quam otiosi dies
Sie beklagten den Verlust ihrer schönen Kleider
amissa veste gemebant
und sie beklagten sich über den Verlust ihrer Bekannten
et de amissis notis conquesti sunt
„Schau dir unsere jüngste Schwester an", sagten sie zueinander
"Inspice sororem nostram minimissimam"
„Was für ein armes und dummes Geschöpf sie ist"
" quam pauper et stultus creatura est "
„Es ist gemein, mit so wenig zufrieden zu sein"
"Est tantillo contentum esse"
der freundliche Kaufmann war ganz anderer Meinung
Mercator longe alia sententia fuit
er wusste sehr wohl, dass Schönheit ihre Schwestern übertraf
bene sciebat illam pulchritudinem sororibus praelucere
Sie übertraf sie sowohl charakterlich als auch geistig
illa praelucebat in mores tum mentis
er bewunderte ihre Bescheidenheit und ihre harte Arbeit
humilitatem eius et laborem
aber am meisten bewunderte er ihre Geduld
sed maxime miratus est eius patientiam
Ihre Schwestern überließen ihr die ganze Arbeit

sororibus eius relinquentes eam omne opus facere
und sie beleidigten sie ständig
et insultaverunt ei omni tempore

Die Familie hatte etwa ein Jahr lang so gelebt
Familia sic per annum circiter vixerat
dann bekam der Kaufmann einen Brief von einem Buchhalter
deinde mercator litteras de tabulario accepit
er hatte in ein Schiff investiert
habuit obsidendi in navi
und das Schiff war sicher angekommen
et navis tuto advenit
diese Nachricht ließ die beiden ältesten Töchter staunen
t eius nuntium convertit capita duarum natu maximarum
Sie hatten sofort die Hoffnung, in die Stadt zurückzukehren
spem redeundi in oppidum statim habebant
weil sie des Landlebens überdrüssig waren
quia pertaesi erant
Sie gingen zu ihrem Vater, als er ging
digredientem ad patrem
Sie baten ihn, ihnen neue Kleider zu kaufen
orabant ut novas vestes emeret
Kleider, Bänder und allerlei Kleinigkeiten
coquit, vittas et omnium rerum parvarum
aber die Schönheit verlangte nichts
sed pulchritudo poposcit nihil
weil sie dachte, das Geld würde nicht reichen
quia putavit pecuniam non satis esse
es würde nicht reichen, um alles zu kaufen, was ihre Schwestern wollten
satis non esset emere omnia sororibus suis voluerunt
„Was möchtest du, Schönheit?", fragte ihr Vater
"Quid vis, pulchritudo?" interrogavit pater eius
"Danke, Vater, dass du so nett bist, an mich zu denken", sagte sie
"gratias tibi, pater, pro bonitate cogitare de me"

„**Vater, sei so freundlich und bring mir eine Rose mit**"
"Pater mi, sis dignare ut rosam afferat".
„**weil hier im Garten keine Rosen wachsen**"
"quia nullae rosae hic nascuntur in horto"
„**und Rosen sind eine Art Rarität**"
"rosae sunt quaedam raritas".
Schönheit mochte Rosen nicht wirklich
pulchritudo non vere curare ut rosis
sie bat nur um etwas, um ihre Schwestern nicht zu verurteilen
non solum aliquid poposcit, ut sorores eius non condemnent
aber ihre Schwestern dachten, sie hätte aus anderen Gründen nach Rosen gefragt
Sorores autem eius videbantur aliis de causis rosas poposcit
„**Sie hat es nur getan, um besonders auszusehen**"
"Hoc fecit solum spectare maxime"

Der freundliche Mann machte sich auf die Reise
Homo quidam iter fecit
aber als er ankam, stritten sie über die Ware
sed cum venisset, de mercibus disputaverunt
und nach viel Ärger kam er genauso arm zurück wie zuvor
et post multam molestiam egens rediit sicut prius
er war nur ein paar Stunden von seinem eigenen Haus entfernt
fuit intra horas domus suae
und er stellte sich schon die Freude vor, seine Kinder zu sehen
et iam laetitiam videndi suorum
aber als er durch den Wald ging, verirrte er sich
sed cum per silvas amisisset
es hat furchtbar geregnet und geschneit
pluit ac ninxit terribly
der Wind war so stark, dass er ihn vom Pferd warf
adeo vehemens ventus proiecit equo
und die Nacht kam schnell
et nox cito veniebat

er begann zu glauben, er müsse verhungern
cogitare coepit ut esuriret
und er dachte, er könnte erfrieren
et ad mortem se duraturum arbitrabatur
und er dachte, Wölfe könnten ihn fressen
et putabat lupi comedendum eum
die Wölfe, die er um sich herum heulen hörte
luporum audisse circum se ululantes
aber plötzlich sah er ein Licht
sed subito vidit lucem
er sah das Licht in der Ferne durch die Bäume
lucem procul vidit per arbores
als er näher kam, sah er, dass das Licht ein Palast war
ubi propius accedens lucem vidit palatium;
der Palast war von oben bis unten beleuchtet
palatium a summo usque deorsum
Der Kaufmann dankte Gott für sein Glück
mercator Deo gratias pro sua fortuna
und er eilte zum Palast
et festinavit ad palatium
aber er war überrascht, keine Leute im Palast zu sehen
sed miratus est nullum homines videre in palatio
der Hof war völlig leer
atrium vacuum erat
und nirgendwo ein Lebenszeichen
et signum vitae nusquam erat
sein Pferd folgte ihm in den Palast
eum secutus est equus in regiam
und dann fand sein Pferd großen Stall
et invenit equum magnum stabulum
das arme Tier war fast verhungert
pauper animal paene famelicus
also ging sein Pferd hinein, um Heu und Hafer zu finden
Et ingressus est equus ad inveniendum fenum et avenam
zum Glück fand er reichlich zu essen
feliciter invenit multa manducare

und der Kaufmann band sein Pferd an die Krippe
et mercator equum suum ad presepe alligavit
Als er zum Haus ging, sah er niemanden
w alking in domo vidit neminem
aber in einer großen Halle fand er ein gutes Feuer
sed in aula magna invenit ignem bonum
und er fand einen Tisch für eine Person gedeckt
et invenit mensam unam
er war nass vom Regen und Schnee
erat umidus a pluvia et nivis
Also ging er zum Feuer, um sich abzutrocknen
Accessit ad ignem siccum
„Ich hoffe, der Hausherr entschuldigt mich"
" Spero patremfamilias excusaturum ";
„Ich schätze, es wird nicht lange dauern, bis jemand auftaucht."
"Puto non diu aliquem apparere"
Er wartete eine beträchtliche Zeit
Diu expectavit
er wartete, bis es elf schlug, und noch immer kam niemand
expectavit donec percussit undecim, et nullus venit
Schließlich war er so hungrig, dass er nicht länger warten konnte
tandem adeo esuriit ut diutius expectare non possit
er nahm ein Hühnchen und aß es in zwei Bissen
Tulitque pullum et comedit eum in duobus offis
er zitterte beim Essen
et tremens dum comederet panem
danach trank er ein paar Gläser Wein
post haec pauca vini potiones bibit
Er wurde mutiger und verließ den Saal
invalescens animosior exivit de aula
und er durchquerte mehrere große Hallen
et per aliquot magnas atria lustravit
Er ging durch den Palast, bis er in eine Kammer kam
ambulavit per palatium, donec veniret in cubiculum

eine Kammer, in der sich ein überaus gutes Bett befand
thalamum quod habebat in eo stratum magnum valde bonum
er war von der Tortur sehr erschöpft
valde fatigatus ab experimento
und es war schon nach Mitternacht
tempusque iam noctis
also beschloss er, dass es das Beste sei, die Tür zu schließen
statuit optimum ostio occludere
und er beschloss, dass er zu Bett gehen sollte
et se cubitum ire arbitratus est

Es war zehn Uhr morgens, als der Kaufmann aufwachte
Decem mane erat cum mercator expergefactus
gerade als er aufstehen wollte, sah er etwas
sicut cum iret ad resurrectionem, vidit aliquid;
er war erstaunt, saubere Kleidung zu sehen
miratus est veste mutata videre
an der Stelle, wo er seine schmutzigen Kleider zurückgelassen hatte
in loco ubi sordidis vestibus
"Mit Sicherheit gehört dieser Palast einer netten Fee"
certe palatium hoc ad quamdam mediocris pertinet.
„eine Fee, die mich gesehen und bemitleidet hat"
" mediocris qui vidit et misertus est ".
er sah durch ein Fenster
respexit per fenestram
aber statt Schnee sah er den herrlichsten Garten
sed pro nivis hortum amoenissimum vidit
und im Garten waren die schönsten Rosen
et in horto erant pulcherrimae rosae
dann kehrte er in die große Halle zurück
Et reversus est ad magnum aulam
der Saal, in dem er am Abend zuvor Suppe gegessen hatte
praetorium ubi elit nocte
und er fand etwas Schokolade auf einem kleinen Tisch
et invenit scelerisque aliquam parvam mensam
„Danke, liebe Frau Fee", sagte er laut

"Gratias tibi ago, bone Madam Fairy", clara voce dixit
„Danke für Ihre Fürsorge"
"Gratias ago tibi, quia non ita curans"
„Ich bin Ihnen für all Ihre Gefälligkeiten äußerst dankbar"
" Gratissimum tibi sum pro omnibus tuis beneficiis "
Der freundliche Mann trank seine Schokolade
genus bibit scelerisque
und dann ging er sein Pferd suchen
et ibat ad quaerendum equum suum
aber im Garten erinnerte er sich an die Bitte der Schönheit
sed in horto recordatus est petitionem pulchritudinis
und er schnitt einen Rosenzweig ab
et abscidit ramum rosae
sofort hörte er ein lautes Geräusch
statim audivit clamorem magnum
und er sah ein furchtbar furchtbares Tier
et vidit bestiam horrendam
er war so erschrocken, dass er kurz davor war, ohnmächtig zu werden
adeo perterritus erat ut deficeret
„Du bist sehr undankbar", sagte das Tier zu ihm
"Ingratus es," inquit bestia
und das Tier sprach mit schrecklicher Stimme
et bestia voce magna locutus est
„Ich habe dein Leben gerettet, indem ich dich in mein Schloss gelassen habe"
" Servavi vitam tuam permittens te in castrum meum " .
"und dafür stiehlst du mir im Gegenzug meine Rosen?"
"et pro quo meas surripis rosas?"
„Die Rosen sind für mich mehr wert als alles andere"
"Rosas quas ego pluris aestimo"
„Aber du wirst für das, was du getan hast, sterben"
"sed morieris quod feceris"
„Ich gebe Ihnen nur eine Viertelstunde, um sich vorzubereiten"
"Ego tibi do, sed quadrantem horae para te";

„Bereiten Sie sich auf den Tod vor und sprechen Sie Ihre Gebete"
"paratus te ad mortem et dic preces tuas"
der Kaufmann fiel auf die Knie
mercator ad genua procumbit
und er hob beide Hände
et levavit ambas manus suas
„Mein Herr, ich flehe Sie an, mir zu vergeben"
Obsecro te, domine mi, ut indulgeas mihi.
„Ich hatte nicht die Absicht, Sie zu beleidigen"
"Nihil habui animus tibi offensionis"
„Ich habe für eine meiner Töchter eine Rose gepflückt"
Rosam congregavi uni filiarum mearum.
„Sie bat mich, ihr eine Rose mitzubringen"
" Rogavit me ut rosam adduceret "
„Ich bin nicht euer Herr, sondern ein Tier", antwortete das Monster
"monstrum" respondit "Non sum dominus tuus, sed bestia
„Ich mag keine Komplimente"
"Non amo verborum"
„Ich mag Menschen, die so sprechen, wie sie denken"
" Placet illis qui loquuntur sicut cogitant " ;
„glauben Sie nicht, dass ich durch Schmeicheleien bewegt werden kann"
"ne putes me blanditiis posse moveri".
„Aber Sie sagen, Sie haben Töchter"
"At dices filias te peperisse";
„Ich werde dir unter einer Bedingung vergeben"
"Dimitto tibi in una conditione".
„Eine deiner Töchter muss freiwillig in meinen Palast kommen"
"una filiarum tuarum libenter in palatium meum venire debet".
"und sie muss für dich leiden"
"et debet pati pro vobis".
„Gib mir Dein Wort"

" Fiat mihi verbum tuum "
„Und dann können Sie Ihren Geschäften nachgehen"
"Et tunc potes ire de negotiis tuis"
„Versprich mir das:"
"Hoc mihi promitte;"
„Wenn Ihre Tochter sich weigert, für Sie zu sterben, müssen Sie innerhalb von drei Monaten zurückkehren"
"Si filia tua pro te mori noluerit, intra tres menses redibis".
der Kaufmann hatte nicht die Absicht, seine Töchter zu opfern
mercator non habuit filias suas sacrificare
aber da ihm Zeit gegeben wurde, wollte er seine Töchter noch einmal sehen
sed, cum tempus daretur, filias suas denuo videre voluit
also versprach er, dass er zurückkehren würde
Itaque se rediturum pollicitus est
und das Tier sagte ihm, er könne aufbrechen, wann er wolle
et dixit ei bestia, quam vellet, proficisci
und das Tier erzählte ihm noch etwas
et bestia indicavit ei unum amplius
„Du sollst nicht mit leeren Händen gehen"
"non recedes inanis"
„Geh zurück in das Zimmer, in dem du lagst"
"Ire ad cubiculum ubi iaces"
„Sie werden eine große leere Schatzkiste sehen"
" magnum pectus thesaurum inane videbis "
„Fülle die Schatzkiste mit allem, was Dir am besten gefällt"
"Replete thesaurum, cum quidquid tibi placet optimum"
„und ich werde die Schatzkiste zu Dir nach Hause schicken"
"et cistam thesaurum mittam in domum tuam".
und gleichzeitig zog sich das Tier zurück
et simul bestia recessit

„Nun", sagte sich der gute Mann
"Bene," dixit sibi vir bonus
„Wenn ich sterben muss, werde ich meinen Kindern wenigstens etwas hinterlassen"

"si moriar, liberis meis aliquid saltem relinquam".
so kehrte er ins Schlafzimmer zurück
itaque ad cubiculum rediit
und er fand sehr viele Goldstücke
invenitque multos aureos
er füllte die Schatzkiste, die das Tier erwähnt hatte
cistam implevit bestia, de qua dixerat
und er holte sein Pferd aus dem Stall
et eduxit equum de stabulo
die Freude, die er beim Betreten des Palastes empfand, war nun genauso groß wie die Trauer, die er beim Verlassen des Palastes empfand
laetitiam, quam in regiam ferebant, moerore relinquendo par erat
Das Pferd nahm einen der Wege im Wald
Equus unam viae silvarum
und in wenigen Stunden war der gute Mann zu Hause
et paucis horis bonus domi
seine Kinder kamen zu ihm
filii eius
aber anstatt ihre Umarmungen mit Freude entgegenzunehmen, sah er sie an
sed pro libenter amplexus eorum aspexit
er hielt den Ast hoch, den er in den Händen hielt
ramum quem in manibus habebat
und dann brach er in Tränen aus
et lacrimas
„Schönheit", sagte er, „nimm bitte diese Rosen"
"pulchritudo" inquit "his rosis sume quaeso"
„Sie können nicht wissen, wie teuer diese Rosen waren"
"non scis quam pretiosae fuerint hae rosae"
„Diese Rosen haben deinen Vater das Leben gekostet"
"Hae rosae patri tuo vitam constant".
und dann erzählte er von seinem tödlichen Abenteuer
et tunc dixit casus sui fatalis
Sofort schrien die beiden ältesten Schwestern

Confestim duabus sororibus suis exclamavit
und sie sagten viele gemeine Dinge zu ihrer schönen Schwester
et dixerunt multa media ad pulcherrimam sororem
aber die Schönheit weinte überhaupt nicht
sed pulchritudo omnino non clamabit
„Seht euch den Stolz dieses kleinen Schurken an", sagten sie
"Aspice, inquit, illius miselli fastum"
„Sie hat nicht nach schönen Kleidern gefragt"
"Non quaesivit vestem splendidam"
„Sie hätte tun sollen, was wir getan haben"
"Debuimus facere quod fecimus"
„Sie wollte sich hervortun"
"se voluit distinguere"
„so wird sie nun den Tod unseres Vaters bedeuten"
"Nunc ergo patris nostri mors erit".
„und doch vergießt sie keine Träne"
"et tamen illa non lachrymam".
"Warum sollte ich weinen?", antwortete die Schönheit
"Quare clamo?" respondit pulchritudo
„Weinen wäre völlig unnötig"
"Clamor valde supervacuus esset"
„Mein Vater wird nicht für mich leiden"
"Pater meus non patietur pro me".
„Das Monster wird eine seiner Töchter akzeptieren"
"Monstrum unam ex filiabus accipiet"
„Ich werde mich seiner ganzen Wut aussetzen"
"Omni furori suo me offeram".
„Ich bin sehr glücklich, denn mein Tod wird das Leben meines Vaters retten"
"Ego sum gauisus, quia mors mea animam patris mei saluabit".
„Mein Tod wird ein Beweis meiner Liebe sein"
"Mors mea documentum erit amoris mei"
„Nein, Schwester", sagten ihre drei Brüder

"Minime, soror," dixit ei tres fratres
„das darf nicht sein"
"quod non erit"
„Wir werden das Monster finden"
"Ibimus invenire monstrum"
"und entweder wir werden ihn töten..."
"et aut occidemus eum.
„... oder wir werden bei dem Versuch umkommen"
"... vel in conatu peribimus".
„Stellt euch nichts dergleichen vor, meine Söhne", sagte der Kaufmann
"Nolite, filii mei," dixit mercator
„Die Kraft des Biests ist so groß, dass ich keine Hoffnung habe, dass Ihr es besiegen könntet."
" Tanta est bestiae potestas ut eum nulla spe superare posses "
.
„Ich bin entzückt von dem freundlichen und großzügigen Angebot der Schönheit"
"Delectatus sum specie et liberalitate";
„aber ich kann ihre Großzügigkeit nicht annehmen"
"sed liberalitatem accipere non possum".
„Ich bin alt und habe nicht mehr lange zu leben"
"Senex sum, et non diu vivere"
„also kann ich nur ein paar Jahre verlieren"
"Sic paucis annis possum solvere"
„Zeit, die ich für euch bereue, meine lieben Kinder"
"Tempus quod paenitet vos, filii carissimi"
„Aber Vater", sagte die Schönheit
"Sed pater," inquit, "pulchritudo"
„Du sollst nicht ohne mich in den Palast gehen"
"non ad palatium sine me".
„Du kannst mich nicht davon abhalten, dir zu folgen"
"Non potes prohibere me ab his te"
nichts könnte Schönheit vom Gegenteil überzeugen
nihil aliud potest arguere pulchritudinem
Sie bestand darauf, in den schönen Palast zu gehen

institit ad bysso regis
und ihre Schwestern waren erfreut über ihre Beharrlichkeit
et sorores eius delectabantur instantiae

Der Kaufmann war besorgt bei dem Gedanken, seine Tochter zu verlieren
Mercator anxius erat cogitationem amittendi filiam
er war so besorgt, dass er die Truhe voller Gold vergessen hatte
in tantum sollicitus erat ut de pectore pleno aureo oblitus esset
Abends begab er sich zur Ruhe und schloss die Tür seines Zimmers.
noctu ad quietem se contulit, et cubiculi sui ianuam clausit
Dann fand er zu seinem großen Erstaunen den Schatz neben seinem Bett.
deinde, cum magna admiratione, thesaurum invenit in lecto suo
er war entschlossen, es seinen Kindern nicht zu erzählen
voluit dicere liberos
Wenn sie es gewusst hätten, wären sie in die Stadt zurückgekehrt
si scirent, se in oppidum reverti voluisse
und er war entschlossen, das Land nicht zu verlassen
et placuit ne excederet agris
aber er vertraute der Schönheit das Geheimnis
sed secreto speravit decorem
Sie teilte ihm mit, dass zwei Herren gekommen seien
nuntiavit duos viros venisse
und sie machten ihren Schwestern einen Heiratsantrag
et rogaverunt eam
Sie bat ihren Vater, ihrer Heirat zuzustimmen
orabatque patrem, ut consentiret in matrimonium
und sie bat ihn, ihnen etwas von seinem Vermögen zu geben
et petiit ab eo ut daret eis aliquid de fortuna sua
sie hatte ihnen bereits vergeben
quae iam dimiserat illis

Die bösen Kreaturen rieben ihre Augen mit Zwiebeln
impii linivit oculos cepis
um beim Abschied von der Schwester ein paar Tränen zu vergießen
aliquas lacrimas opprimere cum sorore sua
aber ihre Brüder waren wirklich besorgt
sed fratres eius vere interfuerant
Schönheit war die einzige, die keine Tränen vergoss
forma solus non lacrimas
sie wollte ihr Unbehagen nicht vergrößern
noluit augere molestiam
Das Pferd nahm den direkten Weg zum Palast
Equo autem recto itinere ad palatium
und gegen Abend sahen sie den erleuchteten Palast
et ad vesperam viderunt palatium illuminatum
das Pferd begab sich wieder in den Stall
equus in stabulum iterum se contulit
und der gute Mann und seine Tochter gingen in die große Halle
Ingressus est autem vir bonus et filia eius in aulam magnam
hier fanden sie einen herrlich gedeckten Tisch
hic invenerunt mensam splendide ministrantem
der Kaufmann hatte keinen Appetit zu essen
mercator non appetitus edendi
aber die Schönheit bemühte sich, fröhlich zu erscheinen
forma autem hilaris videri conatus est
sie setzte sich an den Tisch und half ihrem Vater
sedit ad mensam et adiuvit patrem suum
aber sie dachte auch bei sich:
sed et ipsa sibi;
„Das Biest will mich sicher mästen, bevor es mich frisst"
"Profecto bestia me saginare vult priusquam me comedat".
„deshalb sorgt er für so viel Unterhaltung"
"propterea quod tam copiosam oblectationem praebet".
Nachdem sie gegessen hatten, hörten sie ein großes Geräusch

postquam comederunt clamorem magnum audiverunt
und der Kaufmann verabschiedete sich mit Tränen in den Augen von seinem unglücklichen Kind
et miserum puerum suum cum lacrimis in oculis suis valere iubeat
weil er wusste, dass das Biest kommen würde
quia sciebat venire bestiam
Die Schönheit war entsetzt über seine schreckliche Gestalt
forma horrenda formidinis
aber sie nahm ihren Mut zusammen, so gut sie konnte
sed accepit animum quantum poterat
und das Monster fragte sie, ob sie freiwillig mitkäme
et interrogavit eam monstrum si volens veniret
"ja, ich bin freiwillig gekommen", sagte sie zitternd
"Libenter veni", inquit tremens
Das Tier antwortete: „Du bist sehr gut"
Respondit bestia : Valde bona es.
„und ich bin Ihnen zu großem Dank verpflichtet, ehrlicher Mann"
"Et ego vehementer gratum tibi, honestus"
„Geht morgen früh eure Wege"
"Ite vias vestras cras mane"
„aber denk nie daran, wieder hierher zu kommen"
"Sed numquam cogito huc iterum venire"
„Lebe wohl, Schönheit, lebe wohl, Biest", antwortete er
"Vale forma, vale bestia"
und sofort zog sich das Monster zurück
et statim monstrum recessit
"Oh, Tochter", sagte der Kaufmann
"O filia," inquit mercator
und er umarmte seine Tochter noch einmal
et iterum filiam suam amplexatus est
„Ich habe fast Todesangst"
"Paene exterritus sum usque ad mortem"
„glauben Sie mir, Sie sollten lieber zurückgehen"
"Crede mihi, melius fuerat redire"

„Lass mich hier bleiben, statt dir"
"me hic manere, pro te"
„Nein, Vater", sagte die Schönheit entschlossen
"Minime, pater", "forma" inquit, "obfirmato sono"
„Du sollst morgen früh aufbrechen"
"cras mane proficisceris"
„überlasse mich der Obhut und dem Schutz der Vorsehung"
" meque ad providentiae curam ac tutelam relinquas " ;
trotzdem gingen sie zu Bett
nihilominus cubitum ierunt
Sie dachten, sie würden die ganze Nacht kein Auge zutun
Nolebant oculos claudere noctem
aber als sie sich hinlegten, schliefen sie ein
sed sicut illi dormierunt

Die Schönheit träumte, eine schöne Dame kam und sagte zu ihr:
venitque mulier pulchra pulchritudine, et dixit ei:
„Ich bin zufrieden, Schönheit, mit deinem guten Willen"
" contentus sum, forma, voluntate tua " ;
„Diese gute Tat von Ihnen wird nicht unbelohnt bleiben"
"Hoc bonum opus tuum non irremuneratum".
Die Schöne erwachte und erzählte ihrem Vater ihren Traum
pulchritudinem excitavit et indicavit ei patri suo somnio
der Traum tröstete ihn ein wenig
Somnium adiuvit ut consolaretur eum paululum
aber er konnte nicht anders, als bitterlich zu weinen, als er ging
sed non potuit quin amare discederet
Sobald er weg war, setzte sich Schönheit in die große Halle und weinte ebenfalls
simul atque ille discessit, formositas consedit in aula magna et clamat nimis
aber sie beschloss, sich keine Sorgen zu machen
sed placuit non esse sollicitam
Sie beschloss, in der kurzen Zeit, die ihr noch zu leben blieb, stark zu sein

decrevit valere ad modicum tempus vivere reliquerat
weil sie fest davon überzeugt war, dass das Biest sie fressen würde
quia firmiter credidit bestiam manducare illam
Sie dachte jedoch, sie könnte genauso gut den Palast erkunden
sed etiam regiam explorare poterat
und sie wollte das schöne Schloss besichtigen
et voluit videre castrum nobile
ein Schloss, das sie bewundern musste
castrum quod non admirans
Es war ein wunderbar angenehmer Palast
amoenissimum erat palatium
und sie war äußerst überrascht, als sie eine Tür sah
et valde admiratus est cum vidisset ostium
und über der Tür stand, dass es ihr Zimmer sei
et super januam scriptam esse illam cameram suam
sie öffnete hastig die Tür
aperiens ostium cito
und sie war ganz geblendet von der Pracht des Raumes
eratque ea loci magnificentia praestringebatur
was ihre Aufmerksamkeit vor allem auf sich zog, war eine große Bibliothek
quae praecipue operam suam in bibliothecam grandem habebat
ein Cembalo und mehrere Notenbücher
chorda et aliquot musicae libri
„Nun", sagte sie zu sich selbst
"Bene" dixit secum
„Ich sehe, das Biest wird meine Zeit nicht verstreichen lassen"
"Video ne feram meam tempus gravem pendeat";
dann dachte sie über ihre Situation nach
tum reflectitur ad se de suo situ
„Wenn ich einen Tag bleiben sollte, wäre das alles nicht hier"

"Si maneret dies, haec omnia hic non essent"
diese Überlegung gab ihr neuen Mut
Haec ratio nova animo
und sie nahm ein Buch aus ihrer neuen Bibliothek
et sumpsit librum ex nova bibliotheca
und sie las diese Worte in goldenen Buchstaben:
et haec in aureis litteris legit;
„Begrüße Schönheit, vertreibe die Angst"
"grata forma, pelle timorem";
„Du bist hier Königin und Herrin"
"Tu es regina et domina hic"
„Sprich deine Wünsche aus, sprich deinen Willen aus"
" Loquere vota tua, loquere voluntatem tuam ".
„Schneller Gehorsam begegnet hier Ihren Wünschen"
"Citis obsequium votis tuis hic obvium".
"Ach", sagte sie mit einem Seufzer
"Heu," inquit, cum gemitu
„Am meisten wünsche ich mir, meinen armen Vater zu sehen"
"Maxime pauperem patrem meum videre cupio".
„und ich würde gerne wissen, was er tut"
"Et volo scire quid sit facere"
Kaum hatte sie das gesagt, bemerkte sie den Spiegel
Haec ubi dixisset, speculum animadvertit
zu ihrem großen Erstaunen sah sie ihr eigenes Zuhause im Spiegel
ingenti admiratione sui vidit domum suam in speculo
Ihr Vater kam emotional erschöpft an
pater eius venit in passione existens fessus
Ihre Schwestern gingen ihm entgegen
sororibus eius in occursum eius
trotz ihrer Versuche, traurig zu wirken, war ihre Freude sichtbar
non obstante conatu moesti apparere, gaudium eorum apparebat
einen Moment später war alles verschwunden

momento post omnia evanuerunt
und auch die Befürchtungen der Schönheit verschwanden
et pulchritudinis apprehensio disparuit nimis
denn sie wusste, dass sie dem Tier vertrauen konnte
sciebat enim se posse confidere bestiae

Mittags fand sie das Abendessen fertig
In meridie cenam paratam invenit
sie setzte sich an den Tisch
et sedit ad mensam
und sie wurde mit einem Musikkonzert unterhalten
et excepta concentu musicorum
obwohl sie niemanden sehen konnte
quamvis non viderent aliorum
abends setzte sie sich wieder zum Abendessen
nocte iterum consedit ad cenam
diesmal hörte sie das Geräusch, das das Tier machte
hoc tempore audivit vocem bestiae factae
und sie konnte nicht anders, als Angst zu haben
et non poterat perterritus
"Schönheit", sagte das Monster
"pulchritudo" dixit monstrum
"erlaubst du mir, mit dir zu essen?"
"Nonne sinitis me vobiscum manducare?"
"Mach, was du willst", antwortete die Schönheit zitternd
"facies ut lubet", formidolosa respondit pulchritudo
„Nein", antwortete das Tier
"Non," respondit bestia
„Du allein bist hier die Herrin"
"Tu solus domina es hic"
„Sie können mich wegschicken, wenn ich Ärger mache"
"Potes me mittere, si molestum sum"
„schick mich fort, und ich werde mich sofort zurückziehen"
"Mitte me et statim recedere"
„Aber sagen Sie mir: Finden Sie mich nicht sehr hässlich?"
"Sed dic mihi, nonne me turpissimum putas?"
„Das stimmt", sagte die Schönheit

"Verum est," inquit, pulchritudinem
„Ich kann nicht lügen"
"Non possum dicere mendacium"
„aber ich glaube, Sie sind sehr gutmütig"
"Sed credo te valde benignum"
„Das bin ich tatsächlich", sagte das Monster
"Immo ego sum" dixit monstrum
„Aber abgesehen von meiner Hässlichkeit habe ich auch keinen Verstand"
"Sed sine deformitate, ego quoque nihil sum".
„Ich weiß sehr wohl, dass ich ein dummes Wesen bin"
"Scio me ipsum stultam esse creaturam".
„Es ist kein Zeichen von Torheit, so zu denken", antwortete die Schönheit
"Non est signum stultitiae ita cogitare," respondit pulchritudo
„Dann iss, Schönheit", sagte das Monster
"ede igitur, forma," dixit monstrum
„Versuchen Sie, sich in Ihrem Palast zu amüsieren"
"Conare ludere in palatio tuo"
"alles hier gehört dir"
"Omnia hic tua sunt"
„Und ich wäre sehr unruhig, wenn Sie nicht glücklich wären"
"Et ego valde anxius essem si non esses beatus"
„Sie sind sehr zuvorkommend", antwortete die Schönheit
"Pergratum es" respondit pulchritudinem
„Ich gebe zu, ich freue mich über Ihre Freundlichkeit"
" Fateor, benignitate tua delector"
„Und wenn ich über deine Freundlichkeit nachdenke, fallen mir deine Missbildungen kaum auf"
"et cum tuam humanitatem considero, turpitudines tuas vix considero".
„Ja, ja", sagte das Tier, „mein Herz ist gut
"Est," inquit bestia, "bonum est cor meum."
„Aber obwohl ich gut bin, bin ich immer noch ein Monster"
"sed quamvis bonus sum, monstrum tamen sum".

„Es gibt viele Männer, die diesen Namen mehr verdienen als Sie."
"Multi sunt viri qui hoc nomine meruerunt plus quam tu";
„und ich bevorzuge dich, so wie du bist"
"et malo tibi sicut tu es"
„und ich ziehe dich denen vor, die ein undankbares Herz verbergen"
"et malo tibi plus quam eos qui ingratum cor abscondunt".
"Wenn ich nur etwas Verstand hätte", antwortete das Biest
"si modo aliquem sensum haberem," respondit bestia
„Wenn ich vernünftig wäre, würde ich Ihnen als Dank ein schönes Kompliment machen"
"Si sensissem, bene gratias agerem"
"aber ich bin so langweilig"
"At ego tam hebes"
„Ich kann nur sagen, dass ich Ihnen zu großem Dank verpflichtet bin"
"Nisi possum dicere, tibi sum valde gratum"
Schönheit aß ein herzhaftes Abendessen
pulchritudinem comedit cenam
und sie hatte ihre Angst vor dem Monster fast überwunden
et prope terrorem monstri vicerat
aber sie wollte ohnmächtig werden, als das Biest ihr die nächste Frage stellte
sed deficere volebat, cum bestiam sibi proximam quaereret
"Schönheit, willst du meine Frau werden?"
"pulchritudo eris uxor?"
es dauerte eine Weile, bis sie antworten konnte
tulit aliquanto ante posset respondere
weil sie Angst hatte, ihn wütend zu machen
quia timebat ne irascatur
Schließlich sagte sie jedoch "nein, Biest"
tandem tamen "nequaquam," inquit, "bestia".
sofort zischte das arme Monster ganz fürchterlich
monstrum pauperis statim exsibilatur vehementer
und der ganze Palast hallte

et totum palatium resonabat
aber die Schönheit erholte sich bald von ihrem Schrecken
sed pulchritudo mox a pavore convaluit
denn das Tier sprach wieder mit trauriger Stimme
quia bestia iterum flebili voce locutus est
„Dann leb wohl, Schönheit"
"Vale igitur, pulchritudo".
und er drehte sich nur ab und zu um
et solus reversus interdum
um sie anzusehen, als er hinausging
ut exiens intueri illam

jetzt war die Schönheit wieder allein
Nunc autem sola pulchritudo
Sie empfand großes Mitgefühl
plurimum misericordia sensit
„Ach, es ist tausendmal schade"
"Ei, mille piae sunt!"
„Etwas, das so gutmütig ist, sollte nicht so hässlich sein"
"Nihil tam ingeniosum neque tam turpe".
Schönheit verbrachte drei Monate sehr zufrieden im Palast
pulchritudinis tres menses in palatio valde contente consumpsit
jeden Abend stattete ihr das Biest einen Besuch ab
omne vespere bestia pretium eius a visit
und sie redeten beim Abendessen
et loquebatur in cena
Sie sprachen mit gesundem Menschenverstand
ipsi loquebatur cum sensu communi
aber sie sprachen nicht mit dem, was man als geistreich bezeichnet
sed non loqui quod vocant testimonium
Schönheit entdeckte immer einen wertvollen Charakter im Biest
forma semper aliquid pretiosum in bestia
und sie hatte sich an seine Missbildung gewöhnt
et adsueverat deformitatem suam

sie fürchtete sich nicht mehr vor seinem Besuch
et non pertimesco tempus visitationis suae amplius
jetzt schaute sie oft auf die Uhr
saepe iam vigilavit ad eam
und sie konnte es kaum erwarten, bis es neun Uhr war
et non poterat expectare horam nonam
denn das Tier kam immer zu dieser Stunde
quia numquam bestiam illam horam exciderunt
Es gab nur eine Sache, die Schönheit betraf
una res ad pulchritudinem
jeden Abend, bevor sie ins Bett ging, stellte ihr das Biest die gleiche Frage
tota nocte antequam cubitum irent, bestia eandem quaestionem interrogabat
Das Monster fragte sie, ob sie seine Frau werden wolle
monstrum interrogavit eam si esset uxor eius
Eines Tages sagte sie zu ihm: „Biest, du machst mir große Sorgen."
dixitque ad eum quadam die, " Bestia, turbata est mihi valde " ;
„Ich wünschte, ich könnte einwilligen, dich zu heiraten"
"Vellem possem consentire in uxorem ducere"
„Aber ich bin zu aufrichtig, um dir zu glauben zu machen, dass ich dich heiraten würde"
"sed nimis sincerus sum ut credas me nubere te"
„Unsere Ehe wird nie stattfinden"
"Matrimonium nostrum numquam fiet"
„Ich werde dich immer als Freund sehen"
"Ego te ut amicus semper videbo"
„Bitte versuchen Sie, damit zufrieden zu sein"
"Quaeso experiri satiari"
„Damit muss ich zufrieden sein", sagte das Tier
"Satiari oportet hoc," inquit bestia
„Ich kenne mein eigenes Unglück"
"Scio me infortunium";
„aber ich liebe dich mit der zärtlichsten Zuneigung"

"sed te amo summa affectione "
„Ich sollte mich jedoch als glücklich betrachten"
"Sed me beatum debere existimare".
"und ich würde mich freuen, wenn du hier bleibst"
"et me beatum esse ut hic maneas".
„versprich mir, mich nie zu verlassen"
"Promittere me numquam me relinquere"
Schönheit errötete bei diesen Worten
pulchritudo erubuit his verbis

Eines Tages schaute die Schönheit in ihren Spiegel
unus dies pulchritudo est vultus in speculo
ihr Vater hatte sich schreckliche Sorgen um sie gemacht
pater suus anxius erat sibi male pro ea
sie sehnte sich mehr denn je danach, ihn wiederzusehen
adhuc plus quam semper videre cupiebat
„Ich könnte versprechen, dich nie ganz zu verlassen"
"Possum polliceri numquam te totum relinquere"
„aber ich habe so ein großes Verlangen, meinen Vater zu sehen"
"sed desiderii est videre patrem meum".
„Ich wäre unendlich verärgert, wenn Sie nein sagen würden"
"Impossibiliter commotus essem si negas"
"Ich würde lieber selbst sterben", sagte das Monster
'monstrum' inquit 'malo me mori'
„Ich würde lieber sterben, als dir Unbehagen zu bereiten"
"Malo mori quam te turbat".
„Ich werde dich zu deinem Vater schicken"
"Mittam te ad patrem tuum".
„Du sollst bei ihm bleiben"
"cum eo manebitis".
"und dieses unglückliche Tier wird stattdessen vor Kummer sterben"
"et misera haec bestia pro moerore morietur".
"Nein", sagte die Schönheit weinend
"Minime", inquit decor, flens

„Ich liebe dich zu sehr, um die Ursache deines Todes zu sein"
" Nimium te amo ut mortis tuae causa sit " .
„Ich verspreche Ihnen, in einer Woche wiederzukommen"
"Promissum tibi do ut per hebdomadam redeam"
„Du hast mir gezeigt, dass meine Schwestern verheiratet sind"
"Monstrasti mihi sorores meae nuptae".
„und meine Brüder sind zur Armee gegangen"
"et fratres mei iverunt ad exercitum".
"Lass mich eine Woche bei meinem Vater bleiben, da er allein ist"
"Sine septimana cum patre meo, sicut solus est".
"Morgen früh wirst du dort sein", sagte das Tier
"Eris ibi cras mane," dixit bestia
„Aber denk an dein Versprechen"
"sed memor promissionis tuae"
„Sie brauchen Ihren Ring nur auf den Tisch zu legen, bevor Sie zu Bett gehen."
"Tu tantum debes anulum tuum in mensa ponere antequam cubitum ambules"
"Und dann werdet ihr vor dem Morgen zurückgebracht"
"et tunc mane redieris".
„Lebe wohl, liebe Schönheit", seufzte das Tier
" Vale cara pulchritudo " ingemuit bestia
Die Schönheit ging an diesem Abend sehr traurig ins Bett
forma cubitum ibat tristissima nocte
weil sie das Tier nicht so besorgt sehen wollte
quia noluit videre bestia tam sollicitus

am nächsten Morgen fand sie sich im Haus ihres Vaters wieder
Postridie mane invenit se in domo patris sui
sie läutete eine kleine Glocke neben ihrem Bett
et pulsavit campanulam a lecto
und das Dienstmädchen stieß einen lauten Schrei aus
et ancilla magna voce

und ihr Vater rannte nach oben
et pater susum cucurrit
er dachte, er würde vor Freude sterben
putabat se cum gaudio moriturum
er hielt sie eine Viertelstunde lang in seinen Armen
tenebat in armis ad quartam horam
irgendwann waren die ersten Grüße vorbei
Tandem prima salutatio praefecti
Schönheit begann daran zu denken, aus dem Bett zu steigen
forma coepit cogitare de lecto
aber sie merkte, dass sie keine Kleidung mitgebracht hatte
sed cognovit se non induisse
aber das Dienstmädchen sagte ihr, sie habe eine Kiste gefunden
sed ancilla ei se invenisse pyxidem dixit
der große Koffer war voller Kleider und Kleider
truncus magnus erat plenus togis et coquit
jedes Kleid war mit Gold und Diamanten bedeckt
unaquaque toga erat auro et adamantibus
Schönheit dankte dem Tier für seine freundliche Pflege
forma gratias bestias pro huiusmodi cura
und sie nahm eines der schlichtesten Kleider
et tulit unam de planissimis vestimentis
Die anderen Kleider wollte sie ihren Schwestern schenken
dare se intendebat ad alias vestes sororibus
aber bei diesem Gedanken verschwand die Kleidertruhe
sed in eo pectore vestes evanuerunt
Das Biest hatte darauf bestanden, dass die Kleidung nur für sie sei
bestia institerat vestimenta sua solum
ihr Vater sagte ihr, dass dies der Fall sei
pater ei quod ita esset
und sofort kam die Kleidertruhe wieder zurück
et statim truncus vestimentorum reversus est
Schönheit kleidete sich mit ihren neuen Kleidern
pulchritudo induit se novis vestibus

und in der Zwischenzeit gingen die Mägde los, um ihre Schwestern zu finden
et interea ancillis ierunt ut sorores suas invenirent
Ihre beiden Schwestern waren mit ihren Ehemännern
et soror eius cum viris
aber ihre beiden Schwestern waren sehr unglücklich
sed et sorores eius erant valde infelices
Ihre älteste Schwester hatte einen sehr gutaussehenden Herrn geheiratet
soror eius primogenita duxerat pulcherrimum virum
aber er war so selbstgefällig, dass er seine Frau vernachlässigte
sed adeo cupidus fuit ut uxorem neglexisset
Ihre zweite Schwester hatte einen geistreichen Mann geheiratet
ea secunda soror duxerat homo lepidus
aber er nutzte seinen Witz, um die Leute zu quälen
sed utebatur testi- monio suo ad torquendum populum
und am meisten quälte er seine Frau
et uxorem suam maxime cruciabat
Die Schwestern der Schönheit sahen sie wie eine Prinzessin gekleidet
pulchritudinis sororibus vidit eam ornatu princeps
und sie waren krank vor Neid
et ægrotabantur zelo
jetzt war sie schöner als je zuvor
nunc fuit pulchrior umquam
ihr liebevolles Verhalten konnte ihre Eifersucht nicht unterdrücken
eam affectuosas mores ne extinguant invidiam
Sie erzählte ihnen, wie glücklich sie mit dem Tier war
dixit eis quomodo beatus esset cum bestia
und ihre Eifersucht war kurz vor dem Platzen
et zelus eorum paratus erat ad erumpendum

Sie gingen in den Garten, um über ihr Unglück zu weinen
et descenderunt in hortum, ut clamarent de calamitate sua

„Inwiefern ist dieses kleine Geschöpf besser als wir?"
"Quomodo est haec creatura melior nobis?"
„Warum sollte sie so viel glücklicher sein?"
"Quare debet esse tanto beatior?"
„Schwester", sagte die ältere Schwester
"Soror" dixit maior soror
„Mir ist gerade ein Gedanke gekommen"
"Cogitaverunt iustus percussit animam meam"
„Versuchen wir, sie länger als eine Woche hier zu behalten"
"conemur eam hic plus quam hebdomade retinere"
„Vielleicht macht das das dumme Monster wütend"
"Facebit fortasse hoc monstrum stultum".
„weil sie ihr Wort gebrochen hätte"
"quia verbum rupisset"
"**und dann könnte er sie verschlingen**"
"et tunc devoraret eam";
"**Das ist eine tolle Idee", antwortete die andere Schwester**
"id est magna idea," respondit altera soror
„Wir müssen ihr so viel Freundlichkeit wie möglich entgegenbringen"
"Debemus illam quam maxime misericordiam"
Die Schwestern fassten den Entschluss
Hanc fecerunt sorores
und sie verhielten sich sehr liebevoll gegenüber ihrer Schwester
et sorori suae amantissime agebant
Die arme Schönheit weinte vor Freude über all ihre Freundlichkeit
forma pauperis flebat gaudium ab omni bonitate sua
Als die Woche um war, weinten sie und rauften sich die Haare
Cum autem completa esset dies, clamaverunt et sciderunt comam suam
es schien ihnen so leid zu tun, sich von ihr zu trennen
videbantur ita paenitet ad partem eius

und die Schönheit versprach, noch eine Woche länger zu bleiben
et pulchritudinis promissam manere hebdomadam

In der Zwischenzeit konnte die Schönheit nicht umhin, über sich selbst nachzudenken
Interea, pulchritudo in se ipsam reflectere non potuit
sie machte sich Sorgen darüber, was sie dem armen Tier antat
anxius quid ageret ad bestiam pauperem
Sie wusste, dass sie ihn aufrichtig liebte
se scire se sincere dilexit eum
und sie sehnte sich wirklich danach, ihn wiederzusehen
et vere desiderabat videre illum
Auch die zehnte Nacht verbrachte sie bei ihrem Vater
decima nocte pergit ad patris nimis
sie träumte, sie sei im Schlossgarten
vidit eam in horto palatio
und sie träumte, sie sähe das Tier ausgestreckt im Gras liegen
et vidit in gramine bestiam
er schien ihr mit sterbender Stimme Vorwürfe zu machen
obicere eam vocem morientis videbatur
und er warf ihr Undankbarkeit vor
et de ingratitudine accusavit eam
Schönheit erwachte aus ihrem Schlaf
pulchritudinem experrectus a somno
und sie brach in Tränen aus
et in lacrimas
„Bin ich nicht sehr böse?"
"Nonne nimis impius sum?"
„War es nicht grausam von mir, so unfreundlich gegenüber dem Tier zu sein?"
"Nonne me crudelis tam inclementer facere ad bestiam?"
„Das Biest hat alles getan, um mir zu gefallen"
"Bestia omnia mihi placebat"
"Ist es seine Schuld, dass er so hässlich ist?"

"Numquid tam turpe est ut eius culpa sit?"
„Ist es seine Schuld, dass er so wenig Verstand hat?"
"Numquid tam parum ingenii culpa est?"
„Er ist freundlich und gut, und das genügt"
" benignus est et bonus, et satis est " ;
„Warum habe ich mich geweigert, ihn zu heiraten?"
"Cur non negavi uxorem ducere?"
„Ich sollte mit dem Monster glücklich sein"
"me beatum esse cum monstro"
„Schau dir die Männer meiner Schwestern an"
"Aspice viros sororum mearum"
„Weder Witz noch Schönheit machen sie gut"
"Neque testis eos bonos neque pulcher facit".
„Keiner ihrer Ehemänner macht sie glücklich"
"Neque maritos suos beatos facit".
„sondern Tugend, Sanftmut und Geduld"
sed virtus, suavitas ingenii et patientiae.
„Diese Dinge machen eine Frau glücklich"
"Haec faciunt femina felix"
„und das Tier hat all diese wertvollen Eigenschaften"
"et belua has omnes pretiosas qualitates habet".
„es ist wahr, ich empfinde keine Zärtlichkeit und Zuneigung für ihn"
"Verum est; viscera erga illum non sentio"
„aber ich empfinde für ihn die allergrößte Dankbarkeit"
"sed habeo maximam gratiam pro eo".
„und ich habe die höchste Wertschätzung für ihn"
"et habeo maximam gratiam in eo"
"und er ist mein bester Freund"
"Et ipse est amicus meus optimus"
„Ich werde ihn nicht unglücklich machen"
"Miserum illum non faciam"
„Wenn ich so undankbar wäre, würde ich mir das nie verzeihen"
"Si tam ingratus essem, numquam mihi ignoscerem".
Schönheit legte ihren Ring auf den Tisch

pulchritudo posuit eam anulum in mensa
und sie ging wieder zu Bett
et iterum ad lectum
kaum war sie im Bett, da schlief sie ein
vix erat in lecto priusquam obdormivit

Sie wachte am nächsten Morgen wieder auf
et iterum mane experrectus
und sie war überglücklich, sich im Palast des Tieres wiederzufinden
et laetabatur se in palatio bestiae invenire
Sie zog eines ihrer schönsten Kleider an, um ihm zu gefallen
induit unum ex veste nicest ut placeat ei
und sie wartete geduldig auf den Abend
et patientiam expectabat ad vesperam
kam die ersehnte Stunde
venit hora exoptata
die Uhr schlug neun, doch kein Tier erschien
hora percussit horologium, nulla tamen bestia apparuit
Schönheit befürchtete dann, sie sei die Ursache seines Todes gewesen
formi- tum timuit leti causa fuisse
Sie rannte weinend durch den ganzen Palast
et cucurrit clamor in circuitu regis
nachdem sie ihn überall gesucht hatte, erinnerte sie sich an ihren Traum
cum ubique quaereret , recordata est somnii sui
und sie rannte zum Kanal im Garten
et cucurrit ad canalem in horto
Dort fand sie das arme Tier ausgestreckt
Ibi invenit bestia pauperem extenta
und sie war sicher, dass sie ihn getötet hatte
et certe occiderat
sie warf sich ohne Furcht auf ihn
se ei sine ullo terrore projecit
sein Herz schlug noch
cor ejus adhuc verberans

sie holte etwas Wasser aus dem Kanal
et aquam de canali
und sie goss das Wasser über seinen Kopf
et effudit aquam super caput eius
Das Tier öffnete seine Augen und sprach mit der Schönheit
Aperiens bestia oculos et locutus est ad pulchritudinem
„Du hast dein Versprechen vergessen"
"Promissionis tuae oblitus es"
„Es hat mir das Herz gebrochen, dich verloren zu haben"
"Tanta sum animo amisisse te"
„Ich beschloss, zu hungern"
"Destinavi me fame";
„aber ich habe das Glück, Sie wiederzusehen"
"Sed habeo felicitatem videndi te semel"
„so habe ich das Vergnügen, zufrieden zu sterben"
" sic mihi placet mori satur " ;
„Nein, liebes Tier", sagte die Schönheit, „du darfst nicht sterben"
"Minime, cara bestia," dixit forma, "non morieris";
„Lebe, um mein Ehemann zu sein"
"Vivat ut sit vir meus"
„Von diesem Augenblick an reiche ich dir meine Hand"
"Ex hoc tempore manum meam do tibi"
„und ich schwöre, niemand anderes als Dein zu sein"
et iuro non esse nisi tuum.
„Ach! Ich dachte, ich hätte nur Freundschaft für dich."
"Heu! Ego tantum amicitiam tibi cogitavi"
"aber der Kummer, den ich jetzt fühle, überzeugt mich;"
sed dolor, quem nunc sentio, arguit;
„Ich kann nicht ohne dich leben"
"Non possum vivere nec sine te"
Schönheit hatte diese Worte kaum gesagt, als sie ein Licht sah
vix haec dixerat pulchritudo, cum vidit lucem
der Palast funkelte im Licht
palatium micans lux

Feuerwerk erleuchtete den Himmel
pompa caelum inluminavit
und die Luft erfüllt mit Musik
et aerem repleti musicis
alles kündigte ein großes Ereignis an
omnia denuntiavit magno eventu
aber nichts konnte ihre Aufmerksamkeit fesseln
sed nihil potuit eam attendere
sie wandte sich ihrem lieben Tier zu
et convertit ad eam cari bestia
das Tier, vor dem sie vor Angst zitterte
bestia cui tremuit
aber ihre Überraschung über das, was sie sah, war groß!
sed admiratio magna ex eo quod vidit.
das Tier war verschwunden
bestia abiit
stattdessen sah sie den schönsten Prinzen
loco vidit pulcherrimum princeps
sie hatte den Zauber beendet
quae finem habuit alica
ein Zauber, unter dem er einem Tier ähnelte
incantamentum quo ad similitudinem bestiae
dieser Prinz war all ihre Aufmerksamkeit wert
hic princeps omni attentione dignus erat
aber sie konnte nicht anders und musste fragen, wo das Biest war
sed non poterat non quaerere ubi esset bestia
„Du siehst ihn zu deinen Füßen", sagte der Prinz
"Vides eum ante pedes tuos", dixit princeps
„Eine böse Fee hatte mich verdammt"
"Improbus mediocris damnavit me"
„Ich sollte diese Gestalt behalten, bis eine wunderschöne Prinzessin einwilligte, mich zu heiraten."
"Ego in illa figura manerem donec pulcherrima regina me nubere consensit"
„Die Fee hat mein Verständnis verborgen"

"Infandi absconderunt intellectum meum"
„Du warst der Einzige, der großzügig genug war, um von meiner guten Laune bezaubert zu sein."
"Unicus eras satis liberalis, ut amoenitatem ingenii mei bonitate"
Schönheit war angenehm überrascht
pulchritudo feliciter oppressit
und sie gab dem bezaubernden Prinzen ihre Hand
et dedit manum lepidi principi suo
Sie gingen zusammen ins Schloss
venerunt in castra
und die Schöne war überglücklich, ihren Vater im Schloss zu finden
et delectatus est decor invenire patrem in arce
und ihre ganze Familie war auch da
et tota familia eius ibi erant
sogar die schöne Dame, die in ihrem Traum erschienen war, war da
etiam pulchra domina, quae in somnio apparuit ibi
"Schönheit", sagte die Dame aus dem Traum
"pulchritudo" dixit domina ex somnio
„Komm und empfange deine Belohnung"
"Veni et accipe mercedem tuam".
„Sie haben die Tugend dem Witz oder dem Aussehen vorgezogen"
" Virtutem ingenio vel vultu praetulisti "
„und Sie verdienen jemanden, in dem diese Eigenschaften vereint sind"
"et merearis aliquem, in quo talia uniuntur".
„Du wirst eine großartige Königin sein"
"Tu es futurus regina magna"
„Ich hoffe, der Thron wird deine Tugend nicht schmälern"
" Spero thronum virtutis tuae non minuet "
Dann wandte sich die Fee an die beiden Schwestern
deinde mediocris ad duas sorores
„Ich habe in eure Herzen geblickt"

"Vidi intra corda vestra"
„und ich kenne die ganze Bosheit, die in euren Herzen steckt"
"et scio omnem malitiam continent corda vestra"
„Ihr beide werdet zu Statuen"
"tu duo signa fient"
„Aber ihr werdet euren Verstand bewahren"
"sed animum vestrum servabitis"
„Du sollst vor den Toren des Palastes deiner Schwester stehen"
stabis ad portas palatii sororis tuae.
„Das Glück deiner Schwester soll deine Strafe sein"
" Felicitas sororis tuae poena tua erit "
„Sie werden nicht in Ihren früheren Zustand zurückkehren können"
"Non poteris redire ad statum pristinum"
„es sei denn, Sie beide geben Ihre Fehler zu"
"Nisi vitia vestra faterimini".
„Aber ich sehe voraus, dass ihr immer Statuen bleiben werdet"
"sed praevideo vos statuas semper manere".
„Stolz, Zorn, Völlerei und Faulheit werden manchmal besiegt"
"Superbia, ira, gula, atque otium vincuntur".
„aber die Bekehrung neidischer und böswilliger Gemüter sind Wunder"
" invidorum autem et malignorum mentium miracula sunt conversio "
sofort strich die Fee mit ihrem Zauberstab
statim mediocris dedit ictum cum virga
und im nächsten Augenblick waren alle im Saal entrückt
et subito deportati sunt omnes, qui erant in atrio
Sie waren in die Herrschaftsgebiete des Fürsten eingedrungen
ierant in principatus principis
die Untertanen des Prinzen empfingen ihn mit Freude

principis subditi eum gaudio receperunt
der Priester heiratete die Schöne und das Biest
sacerdos accepit pulchritudinem et bestia
und er lebte viele Jahre mit ihr
et vixit cum ea multis annis
und ihr Glück war vollkommen
et felicitas perfecta
weil ihr Glück auf Tugend beruhte
quia felicitas eorum in virtute fundata est

Das Ende
Finis

www.tranzlaty.com

www.ingramcontent.com/pod-product-compliance
Lightning Source LLC
Chambersburg PA
CBHW011553070526
44585CB00023B/2576